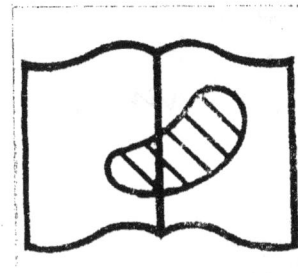

Illisibilité partielle

VALABLE POUR TOUT OU PARTIE
DU DOCUMENT REPRODUIT

Couvertures supérieure et inférieure
en couleur

ESSAI
HISTORIQUE ET ARCHÉOLOGIQUE

SUR

l'Abbaye de Saint-Victor-lez-Marseille,

Par M. B......
(Ch. Kothen)

MARSEILLE.
CHEZ P. CHAUFFARD, IMPRIMEUR-LIBRAIRE,
PLACE NOAILLES, N° 24.

1850.

En commençant cet essai, j'ai besoin de réclamer l'indulgence des lecteurs. Le seul désir que j'aie eu en l'entreprenant a été de tâcher surtout de faire connaître nos catacombes marseillaises, le monument le plus vénérable et le plus curieux sous tous les rapports que nous ayons dans notre ville, et pourtant inconnu à un grand nombre de nos concitoyens qui n'en connaissent pas même l'existence.

J'ai indiqué en note les auteurs d'où j'ai tiré des descriptions ou des faits. Les témoignages et les récits de quelques vénérables témoins, dont les souvenirs, pour ce qui regarde notre histoire pendant les jours néfastes qui ont terminé le dernier siècle, sont une source inépuisable, et toujours ouverte avec une affabilité non moins inépuisable, m'ont été d'un très-grand secours.

J'ai tâché d'indiquer la place qu'occupait chaque tombeau dans la crypte. Ce n'est qu'après avoir comparé et coordonné les ouvrages des divers auteurs (1) qui nous en ont laissé des descriptions, que je me suis décidé à le faire.

Enfin, je serai heureux si cette faible ébauche peut inspirer à quelqu'un des écrivains dont s'honore notre ville, la volonté de traiter ce sujet, si riche et si peu connu jusqu'ici.

(1) Ruffi. Histoire de marseille. 1696.
J.-Bta Guesnœus. *Cassianus illustratus.*
Lagneau. Calendrier spirituel pour Marseille. 1759.
Monuments inédits sur l'apostolat de Ste Madeleine, S. Lazare etc.
Notice des monuments conservés dans l'église noble, insigne et collégiale Saint-Victor, de Marseille.
Grosson. Recueil des antiquités et monuments marseillais.

NOTICE HISTORIQUE.

Il est aujourd'hui parfaitement prouvé, par des documents authentiques (1) des Ve, VIIIe siècles et des suivants, que la première des villes d'Occident, Marseille, eut le bonheur de recevoir la bonne nouvelle du salut : d'abord de Magdeleine et de ses compagnons ; puis, quelques années plus tard, de Lazare, l'ami de Jésus-Christ, qui en devint ensuite le premier évêque. Les prédications de ces apôtres convertirent un grand nombre d'habitants. Le nombre des chrétiens s'étant considérablement accru, les gouverneurs romains en prirent ombrage. Lazare fut pris, mis en prison dans la partie des caves de Saint-Sauveur que l'on appelle encore *prison de saint Lazare*, et que l'on peut voir sous la place de Linche. Après avoir souffert divers supplices, le saint évêque fut décapité, et son corps inhumé avec honneur dans une grotte située hors la ville, dans laquelle les chrétiens se cachaient durant la persécution pour célébrer les saints mystères. C'est auprès de cette grotte que les chrétiens bâtirent une église souterraine, quand leur nombre nécessita cet agrandissement, et sur laquelle fut, plus tard, bâtie l'Abbaye.

Cette catacombe fut aussi honorée des reliques d'un grand nombre de martyrs. Mais celles de saint Victor furent toujours célébrées avec un culte particulier, et ont enfin donné le nom à l'abbaye. Vers la fin du IIIe siècle, Victor, (2) officier dans une légion romaine, ayant refusé

---

(1) Monuments inédits sur l'apostolat de Magdeleine, Lazare et leurs Compagnons, tom. II, pag. 107 et suiv.

(2) Histoire des Evêques de Marseille, tome 1, p. 68 et suiv.

de sacrifier aux idoles, est traduit devant le proconsul. Il confesse généreusement sa foi de chrétien. Jeté dans une prison obscure, il converti ses gardes, et les baptise au bord de la mer. Traîné de nouveau devant les juges iniques, il renverse de son pied l'autel sur lequel on voulait le forcer à offrir de l'encens. Son pied est aussitôt coupé par ordre du tyran qui, furieux de se voir braver, fait placer le saint martyr sous une meule, et son corps est aussitôt broyé. Retiré de cet affreux supplice avec un reste de vie, il a la tête tranchée. Aussitôt une voix se fait entendre d'en-haut : Tu as vaincu Victor, tu as véritablement vaincu. Son corps et ceux de ses compagnons, martyrisés avec lui, furent inhumés dans la grotte qui renfermait déjà les *confessions* ou reliques de saint Lazare et de plusieurs autres martyrs.

Quand les chrétiens eurent toute liberté pour l'exercice de leur culte, cette grotte ne cessa d'être honorée et fréquentée, quoique des temples eussent été élevés au vrai Dieu.

Enfin au Ve siècle, une homme de grande réputation de sainteté et de science, vint fonder près de ces catacombes l'un des monastères les plus célèbres de la chrétienté. Cassien, que Gennade, et plus tard Guesnay, disent originaire de la Scythie, que d'autres auteurs font naître dans les Gaules ou en Afrique, après avoir (1) parcouru la Terre-Sainte, visité les solitaires de la Thébaïde, fut se fixer à Constantinople, sur l'invitation de saint Jean-Chrysostome qui l'ordonna diacre de son église. A la mort de ce saint archevêque, il va à Rome, où il reçoit l'onction sacerdotale. Mais cette capitale ayant été prise par Alaric, il se réfugie en Provence. Arrivé à Marseille vers l'an 420, il demande à l'évêque, qui était alors Proculus, l'autorisation de fonder

---

(1) *S. J. Cassianus illustratus à J.-B. Quesnay. Passim.*

un monastère près de la grotte où reposaient les reliques de saint Lazare et de saint Victor ; ce qui lui ayant été accordé, il vit quelques années après, sous sa conduite, tant dans son monastère que dans ceux qu'il fonda aux environs, jusqu'à 5,000 religieux. Telle fut la fondation de cette célèbre abbaye.

Une grande et belle église s'éleva au-dessus de l'ancienne, qui était contigüe à la grotte. On dit que saint Léon (1), qui fut plus tard pape, se trouvant à Marseille, consacra ces deux églises, à la prière de Cassien. L'Inférieure fut dédiée à saint Pierre et à saint Paul, la supérieure à saint Jean-Baptiste. Ce ne fut que plus tard que le monastère fut appelé de saint Victor. On trouve même dans quelques bulles la dénomination de monastère de saint Cassien.

Cette abbaye eut plusieurs fois à souffrir de l'invasion des divers peuples barbares qui envahirent la Provence aux Ve, VIe et VIIe siècles. Mais, dans le IXe siècle, une horde de barbares, que les chartes nomment (2) *Gens pagana et barbarica*, la ruina de fond en comble, et ce ne fut que long-temps après que Guillaume Ier, vicomte de Marseille, et Honoré, évêque de cette ville, la relevèrent de ses ruines. Wilfred, abbé de ce monastère, commença cette entreprise, qui ne fut terminée que par saint Isarn, son successeur. Le pape Benoît IX vint de Rome, en 1040, procéder à la dédicace (3) de cette église, l'une des plus célèbres dont il soit fait mention, et à laquelle assistèrent vingt-trois évêques, une multitude d'abbés et de moines, et près de dix mille laïques. Cette église fut de nouveau (2) recons-

---

(1) *Cassianus illustratus*, lib. I, cap. LXVI. — Ruffi, Histoire de Marseille, tome II, p. 117.

(2) Ruffi. Histoire de Marseille, tome II, p. 117. 1696.

(3) L'acte original, enrichi de miniatures, existe aux archives du département des Bouches-du-Rhône. — Histoire de la commune de Marseille, par MM. Méry et Guindon, tome I, p. 167.

(4) Ruffi, tome II, p. 119.

truite, du moins en partie, de 1200 à 1279. Enfin, le pape Urbain V, qui avait été abbé de Saint Victor, fit revêtir de pierres taillées tout l'édifice et élever ces hautes tours carrées, dont nous admirons encore la principale qui sert de clocher, et dans lesquelles il avait fait placer vingt-trois cloches. Les reliques de saint Victor, celles de saint Cassien et de plusieurs autres Saints, furent renfermées dans de riches reliquaires d'or et d'argent. Enfin, il vint lui-même à pied d'Avignon pour consacrer ce monastère, qui était alors, à peu de choses près, tel qu'il se voyait encore à la fin du siècle dernier.

Jusqu'en 1480 l'abbaye fut régie par des abbés réguliers. A cette époque, le pape Sixte IV la mit en commande ; elle fut sécularisée en 1746 et érigée en chapitre noble, affecté à la seule noblesse provençale. On exigeait des chanoines la preuve de cent-cinquante ans de noblesse paternelle. Enfin, le roi Louis XV accorda aux chanoines le titre de comtes, en 1774. Ils portaient une (1) croix à huit pointes attachée à un cordon rouge en camail, où est représenté d'un côté saint Victor, avec cette légende : *Sancti Victoris Massiliensis;* de l'autre, le portail de l'église, avec cette devise : *Monumentis et nobilitate insignis.*

Cette abbaye a été régie par quatre-vingt-trois (2) abbés, dont soixante-trois réguliers. Le dernier, mort en 1788, était de la maison de Lorraine, et avait gouverné trente-six ans ce monastère.

L'abbaye jouissait, par suite des priviléges des papes, des empereurs et des vicomtes, de la haute juridiction et de droits quasi épiscopaux sur une vaste partie de la ville et de son territoire. Ruffi (3) nous en indique les

---

(1) Almanach de Marseille, année 1770, p. 42.

(2) Voyez la chronologie des abbés de Saint-Victor, dans l'Almanach de Marseille, 1772, p. 54.

(3) Histoire de Marseille; tome II, p. 169.

limites; savoir : depuis l'emplacement de la citadelle Saint-Nicolas, où se trouvait jadis une chapelle sous ce titre, jusqu'au *Plan Fourmiguier* (le bas de la Canebière.) De là, en suivant la ligne des remparts et passant devant le couvent des Feuillans et celui des Capucins (le marché de ce nom,) la rue d'Aubagne, la plaine Saint-Michel, jusqu'à Jarret, et de là à Sainte-Marguerite jusqu'à Mont-Redon.

Voici les principaux priviléges qui avaient été accordés à ce monastère. Charlemagne lui avait octroyé le droit de *tolaneum* ou d'ancrage dans le port. Le pape Jean XVIII (1), en 1009, exempta le monastère de toute juridiction, soit des évêques de Marseille, des vicomtes de cette ville, ou même des comtes de Provence. Saint Léon IX confirma ces priviléges en 1050 (2) et la soumit immédiatement à l'église romaine. Grégoire VII, en 1079 (3), ajoute encore à ces priviléges : « Qu'aucun empereur, « roi, duc, marquis, archevêque ou évêque, ni aucune « puissance humaine ne présume d'y exercer aucune vio- « lence ni aucune juridiction. Les frères s'adresseront à « tel évêque qu'ils voudront pour consacrer leur abbé..... « Nous vous accordons, à vous et à vos successeurs, de « faire faire dans votre monastère par quelque évêque que « vous voudrez le chrême, l'huile sainte, la consécration « des autels et chapelles et les ordinations des moines. » Ils obtinrent aussi d'Ildefonse, roi d'Aragon et marquis de Provence (4), le pouvoir de faire construire des châteaux et des fortifications dans les terres qui leur appartenaient.

Les abbés usèrent maintes fois de ces priviléges, non seulement aux XIIe et XIIIe siècles, mais même dans des

---

(1) Hist. des Evêques de Marseille, tom. I, p. 313.
(2) Ruffi, Hist. de Marseille, tome II, p. 467.
(3) Hist. des Évêques de Marseille, t. I, p. 372.
(4) *Ibid*, p. 512.

temps assez rapprochés de nous ; aussi, Jacques Turricella (1), évêque de Marseille, consacra, en 1617, l'église des Minimes, dans le district de Saint-Victor, *sans préjudice*, est-il dit dans l'acte de consécration, *de leurs prééminences, droits et juridictions*. François de Loménie (2), aussi évêque de Marseille, voulut, treize ans plus tard, mais en vain, s'opposer aux prétentions des moines, quand les capucines vinrent bâtir sur leur district (en Rive-Neuve.) L'Evêque de Senez, mandé par l'abbé, vint consacrer l'Eglise *sans le consentement de l'évêque diocésain, et même malgré ses oppositions*. On a aussi, mais à tort, regardé comme un privilége l'usage (3) que les moines ont conservé jusqu'à la destruction de l'abbaye, de communier le vendredi saint. Cette coutume était usitée dans les premiers siècles de l'église et est une preuve de l'antiquité de ce monastère.

Cette abbaye renfermait d'immenses trésors en vases et reliquaires d'or et d'argent, ornés de pierreries. Il existe un inventaire (4), fait en 1524, à l'approche de l'armée du connétable de Bourbon. Le poids de l'argent s'élève à plus de trois cent livres ; celui de l'argent doré est encore plus considérable. Or, le trésor n'avait pu que s'accroître depuis cette époque. Toutes ces richesses furent pillées à la révolution, lors de la destruction du monastère, dont l'église seule fut épargnée.

(1) *Ibid.*, tome III, p. 314. L'auteur de cette histoire l'a vivement blâmé de cette condescendance.

(2) *Ibid.*, p. 348.

(3) Almanach de Marseille, 1771, p. 54.

(4) *Cassianus illustratus*, page 478. Cet inventaire, dressé par Massatelli, notaire, est en latin le plus barbare qu'on puisse trouver.

DESCRIPTION GÉNÉRALE DE L'ABBAYE.

Parcourons maintenant le terrain jadis occupé par cette célèbre abbaye. Reconstruisons par la pensée ces cloîtres élégants, ces voûtes hardies, ces tours formidables. Ces lieux jadis le séjour de la prière et de l'étude, rétentissent aujourd'hui des clameurs et du bruit des usines. Des terrains entièrement incultes remplacent ces antiques bâtiments, dont il ne reste nulle trace. Si l'histoire, si de vieux plans, si surtout la tradition et des témoins occulaires n'attestaient leur existence, qui pourrait seulement la soupçonner ? C'est donc à l'aide de ces plans et surtout conduits par un de ces vénérables témoins, dont la mémoire, aussi inépuisable que la complaisance, nous permettra de les décrire, que nous allons essayer de les retracer.

(1) La principale entrée de l'abbaye se voit encore aujourd'hui. C'est la porte de la fabrique à savon de M. R..... qui est demeurée telle qu'elle était avant la révolution ; elle était précédée d'une cour extérieure (H) dont les dimensions sont encore marquées par des restes de vieux murs. Une grande porte en bois (G), peinte en rouge, donnait entrée dans cette cour par la place Saint-Victor. Dans l'angle à droite, se trouvait le logement (I) des suisses commis à la garde de cette entrée. Une porte en fer (L) s'ouvrait sur un passage voûté et sombre qui conduisait dans la cour intérieure (M) du logement *du grand abbé* (J). Ce bâtiment existe encore. On y voit de vastes salles, entièrement délabrées et menaçant ruine. C'est sans doute dans cette partie de l'abbaye que (2) des papes, des princes et même des princesses, logèrent à différentes époques. Autour de la cour intérieure, au milieu de laquelle se

---

(1) Les lettres de renvoi se rapportent au plan ci-joint.
(2) Ruffi. Histoire de Marseille, *passim*

voyait un puits, et sur [deux] côtés seulement régnait, à la hauteur d'un premier étage, une galerie (N) couverte, conduisant du logis de l'abbé à la *salle capitulaire* (K), située au-dessus du passage voûté. Au point marqué N², la galerie s'ouvrait sur une petite salle qui conduisait, par plusieurs marches, à la petite cour des moines (E). On voit encore aujourd'hui une petite porte, à côté de l'orgue, donnant jadis dans cette cour. On en admirait l'ogive et le chapiteau d'une colonne, décorés de sculptures qui dénotaient une assez grande antiquité. Depuis peu, sous prétexte de réparer ces vieux murs, on a bouché de petites pierres les traces, encore bien visibles, des arcades gothiques; et, ce qui est encore plus déplorable, on a ainsi prétendu *réparer* les vieilles tours. Ce recrépissage absurde détruit tout l'effet de ces vieux monuments.

De cette cour, un magnifique portique formait l'entrée du vaste bâtiment à voûtes ogivales, vulgairement nommé le *dourmidou* (D), parce qu'il servait de logement et de *dortoir* à un grand nombre de religieux. De là on passait dans le grand cloître (C), chef-d'œuvre d'architecture gothique, dont les galeries élégantes étaient soutenues de plus de cent colonettes aux chapiteaux bizarres, offrant un mélange de figures d'hommes et d'animaux dans des attitudes grotesques; quelques-unes même très-peu en harmonie avec la sainteté du lieu que ces sculptures décoraient. D'autres conservaient des traces de ces représentations mystiques si naïvement rendues par les artistes des premiers âges du christianisme. Grosson nous a conservé la figure de quelques-uns de ces chapiteaux (1). Dans la partie sud du cloître l'on montrait le fameux *puits du diable* (Q). On racontait (2) que ce malin esprit, après

---

(1) Recueil des Antiquités et Monuments marseillais, planches 26 et 27.

(2) *Jodoci Sinceri. Itinerarium Galliæ, Amstelodami*, 1649, p. 142.

avoir servi dans le monastère, sous la figure d'un cuisinier, fut noyé dans ce puits, et l'on prétendait montrer l'empreinte de ses griffes dans les feuilles d'acanthe qui en décoraient la margelle. Ce puits existe encore ; il fournit l'eau de la fabrique élevée à côté de l'église. Quatre énormes mûriers ombrageaient le cloître.

A son extrémité se trouvait une vaste salle, d'architecture gothique (1), séparée par un pilier, et que l'on appelait vulgairement le *temple* (B). On y bénissait les cierges le jour de la Purification et les rameaux, le dimanche avant Pâques. C'était une ancienne salle capitulaire, ainsi que l'indique une inscription gothique (2) que l'on y voyait encore à la fin du siècle dernier.

Anno Domini 1344, *Gilbertus de Cantabrio, episcopus ruthenensis, fecit capitulum presens et claustrum pavimentri scannaque ædificari.*

On admirait dans cette salle, au-dessus d'une peinture antique représentant les douze apôtres, un crucifix peint à la manière des Grecs, et revêtu d'un (3) caleçon. Une autre image du Christ, semblable à la première, se voyait vis-à-vis. Dans un angle se trouvait une chapelle (R) dédiée à sainte Cécile. Tout à côté une porte, dont l'arceau, orné de sculptures gothiques, se voit encore dans la cour de l'église, donnait entrée dans le chœur, qui s'avançait jadis jusques vers l'autel saint Victor, ainsi que nous le dirons plus loin. L'enceinte que nous venons de parcourir était fort vaste et entourée de murs épais, flanqués de tours crénelées, qui en faisaient une véritable forteresse. Aussi voyons-nous que Réné écrivait au pape, en 1468 (4), *qu'il*

---

(1) Almanach de Marseille, 1776, page 74.

(2) Notice des monuments conservés dans l'église noble, insigne, et collégiale de l'abbaye Saint-Victor, de Marseille, p. 21.

(3) Marchetti. Explication des Coustumes des Marseillais, p. 29.

(4) Ruche provençale, tom. IV, p. 123.

regardait le monastère comme la clef du port et de la ville de Marseille. A l'approche de quelqu'ennemi, la ville faisait entrer des troupes dans l'abbaye. Quand Alphonse d'Aragon saccagea Marseille, en 1423, *le monastère tint bon,* dit Ruffi (1), *par la générosité des religieux.*

L'ensemble de ce qui reste de la partie supérieure, ou clocher, est très-pittoresque. Des escaliers très-roides conduisent à des terrasses bordées de murs crenelés, d'où l'on jouit d'un des plus beaux points de vue que l'on puisse trouver. D'après une tradition orale que je n'ai trouvée rapportée dans aucune histoire, un dôme très-élevé existait jadis au-dessus du sanctuaire de l'église. Ce dôme aurait été démoli vers 1670, parce qu'il dominait le fort Saint-Nicolas, que Louis XIV avait fait construire vers cette époque. On montre encore la place qu'occupaient les vingt-trois cloches qu'Urbain V avait fait suspendre à divers clochers. Deux des plus belles de ces cloches furent brisées par le canon des Marseillais (2) pour chasser de l'abbaye le duc de Meolhon qui, sur l'instigation du duc de Savoie, l'avait surprise en 1591. A la révolution, ces instruments sonores furent brisés et fondus. Deux bourdons ont été placés, en 1848, dans les tours, et de leur grande voix, appellent le peuple aux solemnités de la religion. Les ruines d'une grande partie de ces monuments se voyaient encore il y a une trentaine d'années, et leur réunion présentait un aspect très-pittoresque. La spéculation s'est emparée de ce terrain, et l'on a complété la démolition de manière qu'il ne reste pas maintenant pierre sur pierre, pour y bâtir un domaine. *Auri sacra fames!*

(1) Ruffi. Histoire de Marseille, tome I, p. 256.
(2) *Ibid.*, tome I, p. 396.

L'ÉGLISE SUPÉRIEURE.

La porte actuelle n'est pas très-ancienne ; elle paraît dater de la deuxième moitié du XVIIe siècle, car nous la voyons telle qu'elle est décrite par Haitze (1) au commencement du XVIIIe siècle. « Deux pilastres portant une
« corniche font tout l'ornement de cette entrée, sur le
« haut de laquelle se voit un bas-relief représentant saint
« Victor, en attitude de cavalier, terrassant le dragon »
avec l'antique divise : *Massiliam verè Victor civesque tuere.*
On voit encore la trace d'une large porte à plein ceintre, qui pourrait remonter au temps de Wilfred et de saint Isarn. La boiserie dut être changée au siècle dernier, car Marchetti (2) fait mention de grands anneaux de bronze que le peuple se laissait tomber sur les doigts en signe de pénitence les jours de *pardon* ou d'indulgence. Or, il est évident que sur les portes actuelles il n'y a jamais rien eu de semblable.

Haitze (3) rapporte que de son temps on descendait quatre marches pour entrer dans le vestibule de l'église ; il ajoute qu'il en fallait monter cinq ou six pour pénétrer dans l'église. Ces deux parties ont donc été mises de niveau, ainsi que nous le remarquerons plus loin.

« On n'est pas plutôt, continue le même auteur, dans
« cette avant-nef, qu'on aperçoit sur la droite un grand
« môle, bâti de pierres carrées, d'environ deux toises d'élé-
« vation, occupant toute la face contre laquelle il est élevé
« d'un angle à l'autre. Ce môle est un mausolée, singulier

---

(1) Haitze. Bibliothèque provençale, tome II. Manuscrit de la Bibliothèque de Marseille.

(2) Explication des usages et coutumes des Marseillais, pag. 318 et 322.

(3) Haitze *Loco citato.*

« par le grand nombre de personnes de distinction dont
« les ossements y reposent. Ces illustres personnages sont
« des évêques d'Antibes, de Béziers, de Marseille, etc. »

Je n'ai pas besoin de dire que ce monument a disparu entièrement. C'était un obituaire (1) gravé en caractères gothiques. Au-dessus se trouvait l'épitaphe (2) des valeureux Pisans qui repoussèrent les Sarrasins, et dont les cadavres furent transportés dans cette abbaye en 1114.

Un vénérable vieillard m'a assuré avoir vu enlever, en 1796, sous l'arceau gothique que l'on voit encore vis-à-vis la porte d'entrée et qui fermait celle de la chapelle N.-D.-de-Lumières, plusieurs cercueils de plomb, renfermant des ossements enveloppés de vêtements d'une grande richesse. Ce témoignage est du reste confirmé par l'auteur d'une (3) notice sur Saint-Victor, écrite quelques années avant la révolution. « On y voyait des tombeaux qui
« paraissent avoir été érigés pour déposer les corps des
« princes de la maison des anciens vicomtes de Marseille,
« puisqu'on y voit les anciennes armoiries de Marseille, qui
« sont *de gueules au lion ravissant d'or.* »

On entre aujourd'hui, sans franchir aucune marche, dans l'église, mais en examinant attentivement les piliers, l'on s'aperçoit que la partie de la base qui touche le sol est démesurément haute, ce qui démontre que le sol de l'église a dû être baissé pour le mettre de niveau avec celui du vestibule, qui a dû être haussé. Je présume que ce changement a dû avoir lieu au milieu du siècle dernier, à l'époque où

---

(1) Voyez-en le texte dans Ruffi, tome II, p. 124.

(2) Ruffi nous en a conservé le texte, *ubi suprà*.

Cette épitaphe se voit encore aujourd'hui dans la campagne de M. C....., à St-Just. (Statistique du département des Bouches-du-Rhône, tome II - p. 456.

(3) Notice des Monuments, etc., page 9.

l'abbaye fut sécularisée. Voici, du reste, la description que nous a laissée de cette église l'auteur que j'ai déjà cité (1).

« C'est un vaisseau à trois nefs. La masse de cet édifice
« n'est pas d'une construction uniforme. Ce qui paraît de
« plus ancien, comme la nef principale, ressent la façon
« de bâtir du XIe siècle, et ce qui est plus moderne, comme
« les deux petites nefs et l'abside, fait assez voir aux con-
« naisseurs qu'il est de la façon du XIIIe au XIVe. La
« grande nef est portée par huit gros piliers et couverte
« par une voûte en berceau ; elle forme par le gros bout
« une croix ; mais dans cet espace, la voûte est d'une
« différente construction qui, par ses croisillons, paraît
« plus moderne de trois siècles que celle du reste. Aussi,
« les documents de cette abbaye portent que la grande
« nef est un ouvrage de l'abbé Wilfred qui, dans le XIe
« siècle, gouvernait cette maison, et que le travers de
« cette même nef, avec son abside ou le rond-point, ont
« été faits par les soins et les libéralités d'Urbain V,
« qui ne dédaigne pas de porter le nom de successeur
« de Wilfred, qu'il avait auparavant son exaltation. »

Cette voûte, toute d'une pièce, sans nervures ni ossature, marque une haute antiquité et me paraît bien remonter au temps de Wilfred ; cependant elle se termine en une ogive bien prononcée, qui n'était pas en usage au XIe siècle. On pourrait rapporter cette forme à la reconstruction, qui dut être partielle, et qui eut lieu de 1200 à 1279, au dire de Ruffi (2). Du reste, je laisse la solution de cette difficulté aux archéologues.

On voyait sur le *pignon*, au-dessus du maître-autel, la chasse renfermant les reliques de saint Victor et de ses compagnons. Cette chasse était en forme de nef et en argent doré. Une inscription (3) latine versifiée y était gravée.

(1) Haitze. *Loco citato.*
(2) Histoire de Marseille, tome II, p. 119.
(3) Notice des monuments, p. 10.

Mais poursuivons la description de Haitze : « Le milieu
« de la nef est occupé par les formes où les moines se
« placent pour chanter l'office divin, et cet espace occupe
« le tiers de sa longueur. En cet endroit, on voit sur le
« *mitan* (1) du parterre le tombeau de l'abbé Wilfred,
« couvert d'un marbre, à fleur de terre, et marqué de cette
« épitaphe (2) :

« Continet in græmio tumulus hic membra petrino
 Nomine Wilfreti sacra viri Domini
Est quid præthereà prænomen Domnus et Abbas
 Dignum natali nomine se exhibuit.
Mirandam teneris vitam qui duxit ab annis
 Oblatus Domino nam fuit a teneris
Inque monasterio viva fuit hostia Christo,
 Tradiderat toto se qui mancipium.
Discretus, placidus, mitis, multumque benignus
 Sobrius et castus extitit atque pius,
Cunctis dilectus, Domino quinino probatus.
 Devictis vitiis moribus egregiis.
Sicque Dei famulis terquennis præfuit annis
 Cunctis compatiens, nulli aliquando nocens,
Nempe decem vitæ quinquennia fama fuisse
 Totius famuli dicitur ut Domini.
Qui tenuem vitæ victum, pro lege tenebat usum
 Esuriens epulas despe........
Idibus, hic meritis cum magnis namque decembris
 Terras deseruit regna cœli petiit.
Millenis annis decursis atque vicennis
 Post incarnatum de muliere Dominum.
Cùm foret intereà crescens indictio quarta.
 Tempore sic proprio jam redeunte suo ».

Le changement du chœur dut être opéré lors de la sécu-

---

(1) Le milien. Mot provençal souvent employé aussi par Ruffi.
(2) Je crois cette épitaphe inédite, ne l'ayant vue dans aucun autre auteur, c'est ce qui m'a décidé à la transcrire. malgré sa longueur.

larisation de l'abbaye, en 1746. Cependant cette épitaphe se voyait encore, mais très-effacée, à la fin du siècle dernier (1).

Au côté droit du maître-autel se trouvait le magnifique tombeau d'Urbain V. On voyait la statue couchée de ce pontife, au milieu d'ornements dans le style gothique, qui s'élevaient à la naissance de la demi-coupe du rond-point. Ce monument était ordinairement recouvert d'un espèce de toit en menuiserie, parce que, observe Haitze, qui m'a fourni ces détails, l'on travaillait à la canonisation de ce pape, et l'exposition publique de sa statue aurait été un empêchement. On ne laissait pourtant pas de lui rendre une sorte de culte, puisqu'au rapport de Ruffi (2), les marguilliers de N.-D.-de-Confession avaient une bannière et deux panonceaux, sur lesquels étaient peintes les images de la Vierge, de saint Victor et du saint pape Urbain que l'on portait dans la ville à certaines fêtes. Ce tombeau fut caché quand on transporta les boiseries du chœur derrière l'autel; mais alors un cénotaphe fut élevé au fond du chœur, où l'on voyait la statue de ce pontife.

Du même côté, au fond de la petite nef, auprès d'une armoire où se conservaient de riches reliquaires, s'élevait l'autel dédié à saint Cassien. Sur le marche-pied de cet autel se voyait le tombeau d'Ogier d'Anglure, évêque de Marseille et abbé de Saint-Victor vers 1480. Ce pontife était représenté revêtu de ses habits sacerdotaux et la crosse à la main. L'inscription gothique ne pouvait déjà plus se lire en entier du temps de Ruffi, qui n'en rapporte qu'une partie. On doit déduire des paroles de cet historien (3) que les orgues se trouvaient alors placées au-dessus de

---

(1) Notice des monuments, etc., page 10.
(2) Hist. de Marseille, p. 160.
(3) Ogier d'Anglure fut enseveli à St-Victor, dans la chapelle qui est *sous les orgues* et dans un tombeau qui est tout auprès de l'ar-

cette chapelle. Le chœur, occupant à cette époque une grande partie de la nef actuelle, cet instrument se trouvait bien placé pour accompagner le chant des moines.

Auprès du tombeau de cet abbé, l'on en voyait un autre, supporté par un tronçon de colonne de granit (1). On prétend que les reliques de saint Just y avaient été déposées.

Sur la clef de voûte du chœur se voit encore, dans un médaillon, une sculpture d'un travail grossier, représentant saint Victor à cheval, terrassant le dragon.

Dans la chapelle qui sert présentement d'entrepôt pour les chaises, et au-dessous de laquelle se trouvait le *charnier* (2) *des moines*, l'on voyait un monument élevé aux abbés et religieux de cette abbaye ; mais en particulier à Julien de Médicis, abbé, puis cardinal, ainsi que nous l'apprend l'inscription suivante, qu'on y lisait, et que Haitze nous a conservée :

B. M.

Summorum Abbatum et Patrum religiosorum hujus augustiss. et sanctiss. domus, in memoriam posteri temporis sempiternam, sacrum monumentum atq. hoc primùm illustriss. ac reverendiss. Juliano, archiepô medices albiens., epô. atq. memorati cænobii abbati digniss. omnium propter singulares sui dotes. mœrore vita defuncto positum.

Quisquis es, hinc mea ne tollas, precor, ossa viator.
H..... petit in supera spiritus arce manens.

Dans la chapelle Saint-Joseph on admire un tableau de notre compatriote Dominique Papéty, qui vient de nous être enlevé à la fleur de l'âge et du talent. A droite, dans le même sanctuaire, se voit un bas-relief mutilé, repré-

---

moire où reposent les saintes reliques. (Hist. de Marseille. Tom. II, pag. 162.).

(1) Notice des Monuments, etc., pag. 10.
(2) Haitze. *Loco citato.*

sentant saint Victor trainé dans la ville par un cheval indompté, ainsi que le rapportent les actes de son martyre (1).

Cette antique église ne renferme plus rien de bien remarquable. Une chapelle moderne a remplacé celle si ancienne où l'on invoquait la mère de Dieu, sous le beau titre de N.-D. de Lumières. Ces beaux tableaux, ces magnifiques ornements, tout a disparu. Seulement l'antique devise : *Massiliam veré Victor civesque tuere*, vieux cri de guerre de Marseille, qui fût porté pour la dernière fois par le hérault d'armes de notre ville à la proclamation (2) du règne de Louis XVI, en 1774, vient frapper les yeux en entrant dans ce temple, et rappelle que Marseille est toujours sous la protection de ce glorieux athlète du Christ.

Ainsi, cette célèbre abbaye, de laquelle dépendaient un grand nombre d'autres monastères, non-seulement en France, mais en Espagne et en Italie (3), se trouve réduite aujourd'hui au modeste rang de succursale. Seulement, comme souvenir de son ancienne splendeur, un des archidiacres du diocèse de Marseille porte le titre de saint Victor.

LA CRYPTE.

Le souterrain ou église inférieure est, sans contredit, la partie la plus antique et la plus vénérable de cette abbaye. La date de sa fondation remonte à celle de l'introduction

(1) Urbem per mediam victima nobilis,
    Raptaris, lacero corpore pulchrior,
   Dum discerpta trahit membra ferox equus
    Cœlum mente præoccupas.
  (Hymnus ad matutin., in festo SS. Victoris et Soc. Officia propria Sanct., H.-F.-X. de Belzunce, episc. massil. author. munita.
(2) Almanach de Marseille. 1775, page 261.
(3) Ruffi. Hist. de Marseille, tom. II. page 180 et suiv.

de l'évangile en Provence. Il est prouvé, ainsi que nous le disions en commençant, que Lazare, notre premier évêque, s'y était caché et y avait rassemblé ses disciples, cette grotte étant très-éloignée de la ville et offrant un asyle sûr pour la célébration des saints mystères. Ce ne fut que sous Antonin que l'on construisit l'église souterraine à côté, agrandissement nécessité par l'affluence plus grande des chrétiens, dont le nombre augmentait chaque jour. C'est au-dessus de ce temple que Cassien établit son monastère. Ce sanctuaire vénéré, orné et réparé par les soins des religieux et des fidèles, à différentes époques, fut encore restauré, en 1774, par les membres de l'Association de N.-D. de Confession, ainsi que l'apprenait (1) une inscription jadis placée au-dessus de la chapelle de ce nom.

Dévastée en même-temps que le reste de l'abbaye, son dépouillement fut consommé au commencement de ce siècle par le préfet Charles de Lacroix. Ce magistrat fit enlever les belles colonnes de granit qui soutenaient la voûte de la chapelle de N.-D. de Confession ; et, ce qui est encore plus déplorable, il fit transporter au musée les magniques tombeaux de nos catacombes : les uns, monuments des premiers siècles de l'église, dont les sculptures naïves retracent des histoires de l'ancien et du nouveau Testament ; les autres offrant les types et la perfection de l'art payen, tous consacrés par les corps des martyrs qui y avaient été déposés, recevaient de leur position une beauté par-

---

(1) Celeberrimam hanc cryptam.
A primis cræ christianæ sæculis erectam,
Prothomartyrum, Confessorum et Virginum,
Massiliensium exuviis consecratam,
Restaurarunt almæ sodalitatis ædiles,
Anno M DCCLXXIV.
(Notice des Monuments, etc., p. 14.)

ticulière vus à la lueur vacillante des flambeaux, dans ces enfoncements de murailles qui ne permettaient d'en voir qu'une partie. Transportés sans soin au musée, où plusieurs ont été brisés de telle manière, qu'il serait aujourd'hui presque impossible d'en rassembler les débris pour reconnaître les sujets que le sculpteur y avait représentés ; ils sont entassés sans ordre, et les sculptures de plusieurs sont entièrement effacées par l'usure. Ce qui leur manque actuellement, c'est la couleur locale, si je puis ainsi dire, c'est-à-dire, la religieuse obscurité des catacombes.

Non content de dépouiller cette grotte on en a fait, pendant quelque temps, la demeure de galériens (1) qui couvrirent ces murs d'inscriptions infâmes. Ces voûtes qui retentirent pendant de longs siècles des chants pieux des moines et des fidèles, répétèrent les blasphèmes et les chansons immondes de ces hommes, rebut de la société.

On descend dans cette crypte par un escalier près de la sacristie, à gauche du maître-autel. A côté se trouve une porte actuellement fermée et cachée par un confessional, conduisant au puits saint Blaise, dont la chapelle se voit dans le souterrain.

Parvenu au bas de l'escalier, on se trouve vis-à-vis de la chapelle de N.-D de Confession.

Ce sanctuaire vénéré, aujourd'hui dénué de tout ornement, était décoré jadis avec beaucoup de luxe. De hautes colonnes de granit, surmontées de chapiteaux corinthiens, en formaient le porche. On n'entrait point dans la chapelle de ce côté par la porte actuelle, mais par une étroite ouverture que l'on remarque à côté, et qui est aujourd'hui fermée. La principale entrée se trouvait vis-à-vis. Un mur peu élevé, sur lequel se voyait une statue de la Vierge, en argent, occupait la place de la porte que nous voyons ac-

(1) Jusqu'en 1804

tuellement. L'entrée du sanctuaire était interdit aux femmes. Une tradition populaire, rapportée par Marchetti (1) et par Guesnay (2), raconte qu'une princesse, ayant voulu enfreindre cette loi, avait perdu la vue. Ayant été guérie miraculeusement, elle fit faire une grille en fer, autour de la chapelle, pour empêcher que pareil malheur n'arrivât à quelqu'autre femme téméraire.

La statue que l'on révère dans ce sanctuaire, est de la plus haute antiquité. Une pieuse tradition en a fait un ouvrage de saint Luc. On croit assez généralement qu'elle est faite en bois de fenouil, mais il est aisé de se convaincre du contraire ; elle est en bois très-dur et très-lourd, peinte et rehaussée de dorures. On la recouvre d'une espèce de chape qui la cache en entier, et ne laisse à découvert que la tête ; et, comme cette partie, par suite de la vétusté, a contracté une couleur très-brune, on la désigne sous le nom de *Vierge noire*. Cette statue est en très-grande vénération. Tous les samedis on célèbre les saints mystères dans cette chapelle. Quelques fidèles, en trop petit nombre, viennent y invoquer N.-D.-de-Confession ; car, peu de personnes connaissent cette pieuse pratique. Mais c'est surtout pendant l'octave de la Chandeleur, que le concours est immense. Chacun se fait un devoir de visiter cette crypte, et d'emporter chez soi un de ces cierges, teints en vert, qui brûlent continuellement devant cette statue ; et cette couleur mystérieuse des bougies est encore un privilége dont jouit cette seule chapelle, et qui remonte à une haute antiquité (3). Jadis, quand la sécheresse se fesait sentir trop vivement, nos

---

(1) Marchetti. Explication des coustumes des Marseillais, 1683, p. 190

(2) *Cassianus illustratus*; page 474.

(3) Marchetti. *Loco citato.*

consuls, et plus tard nos échevins, demandaient que l'on fit sortir la *Vierge noire*. « Et l'on trouve (1) dans l'Hôtel-
« de-Ville, plus de cinquante procès-verbaux qui font foi que
« le Seigneur a accordé à nos besoins. la pluie qu'il
« refusait depuis long-temps »

Cette statue fut enlevée, pendant la révolution, par un officier municipal, homme plein de foi, pour la soustraire aux profanations ; puis, exposée à la vénération des fidèles, à la Major. Elle fût, plus tard, mise en sequestre, puis vendue aux enchères, et adjugée à un autre officier municipal. Placée successivement dans diverses chapelles, elle fut enfin rendue à Saint-Victor, et placée dans l'église supérieure, le 22 mai 1804. La crypte ne put être rendue au culte qu'en 1822. Le jour de la Chandeleur. la *Vierge noire* fut enfin de nouveau placée dans son antique sanctuaire.

Une autre statue, en argent, se voyait dans la niche, à droite. C'était un camérier de l'abbaye, de la famille de Jarente, qui en avait fait présent. L'autel renfermait, outre diverses reliques, celles des quarante religieuses qui, dans une invasion des Sarrasins, voyant leur couvent sur le point d'être forcé, se mutilèrent le visage. à l'exemple d'Eusébie, leur abbesse, pour conserver leur virginité, et furent massacrées par ces barbares. Le tombeau d'une abbesse, du nom de Tilisiola, dont on peut voir l'épitaphe dans Ruffi, et un autre tombeau inconnu à cet historien, se voyaient aussi dans cette chapelle.

A côté de l'escalier de descente de la crypte, l'on vénérait le tombeau de saint Adrien et de saint Hermès.

À droite de la chapelle N.-D.-de-Confession, et dans une espèce de niche, était placé un tombeau, remarquable par les sculptures dont il était orné. C'était celui dans lequel étaient renfermées les reliques de sainte Eusébie, dont il a

---

(1) Calendrier spirituel pour Marseille. par Lagneau. 1759. p. 382.

été parlé plus haut. Grosson regarde ce tombeau comme payen, et y voit représentée une scène d'affranchissement. Je serais plutôt de l'avis de Millin (1), qui pense qu'on a voulu représenter Moïse, frappant le rocher pour donner de l'eau aux Israëlites. L'autre groupe me paraît figurer le législateur des Hébreux recevant la loi sur le Mont-Sinaï (2). Ce monument a été gravé par Ruffi et Grosson. On peut le voir au Musée (3). A quelques pas plus loin, dans un autre enfoncement du mur, où l'on vient de placer un autel, se voyait le tombeau de Hugues de Glacinis, sacristain de Saint-Victor, mort en 1255. Ce marbre offre la représentation de l'abbaye, et dans le second compartiment, l'on voit ce religieux offrant le saint sacrifice. Ce monument est curieux surtout parce qu'il nous indique la forme des habits sacerdotaux au XIIIe siècle. Ruffi nous a conservé l'épitaphe qui y était gravée, et une gravure de ce bas-relief qui se voit encore au (4) Musée Une troisième niche ou enfoncement marque la place du tombeau de deux des vierges martyrisées avec sainte Ursule. Ce cénotaphe est figuré dans Ruffi; il est aussi conservé au Musée (5). Il est orné de diverses sculptures appartenant à l'époque chrétienne.

Un degré conduit dans une chapelle où l'on révérait autrefois la croix sur laquelle saint André souffrit le martyre; elle est encore dédiée à ce saint apôtre. Cette précieuse relique avait été renfermée d'abord dans une chasse en fer. Un camérier de Saint-Victor, de la maison de Jarente, la fit revêtir d'une autre en vermeil, sur laquelle les armes

(1) Voyage dans les départements du Midi, tom. III, pag. 177.
(2) Sous le médaillon placé au milieu se voit Jonas, rejeté par le monstre marin.
(3) Il porte le n. 25 dans la Notice des tableaux et antiques. 1849.
(4) N° 22 du Livret.
(5) N° 17 et 18 du Livret.

de sa famille, *d'or à la croix de gueules en sautoir*, étaient gravées au milieu de riches ciselures. Une partie de ces reliques, sauvées du pillage pendant la révolution par un homme de bien, fut, plus tard, rendue à cette église. Ce fragment a été placé au centre d'une croix en bois qui rappelle la forme de l'ancienne.

Cette chapelle renfermait un si grand nombre de reliques, qu'il serait très-difficile, dit Guesnay (1), de décliner leurs noms. On remarquait pourtant celles de saint Marcelin et celles de saint Pierre, son fils, qui tous deux souffrirent le martyre. On assure que ces reliques sont encore cachées dans l'épaisseur de la muraille.

A côté de la chapelle Saint-André, se trouvait autrefois l'entrée de celle de Saint-Isarn, qui était entièrement séparée par un mur du reste de la crypte. Le tombeau de ce saint abbé et ceux de plusieurs autres y étaient renfermés. Celui de saint Cassien, soutenu par quatre colonnes, se trouvait contre le pilier sur lequel s'appuyait alors le mur. Ce sarcophage, divisé en cinq compartiments par quatre colonnes, représente divers personnages remarquables par le costume, et surtout un oblat présenté par ses parents, selon l'ancien usage (2). Il a été gravé dans l'ouvrage de Ruffi. On peut le voir au Musée (3).

Contre le mur de cette chapelle, dédiée à saint Isarn, on voyait le tombeau de ce saint abbé, l'un des restaurateurs de l'abbaye. On a transporté au Musée ce marbre, d'un travail extrêmement curieux (4). La chevelure du saint, au haut de laquelle on voit une tonsure bien marquée, ses habits sacerdotaux, sont dignes de remarque; sa crosse

---

(1) *Cassianus illustratus.*
(2) Notice des Monuments, etc., p. 18.
(3) N° 19 du Livret.
(4) N° 20 du Livret.

est en forme de béquille ; son épitaphe couvre tout son corps. On y conservait aussi les restes de Wilfred, prédécesseur d'Isarn, dont l'épitaphe, rapportée plus haut, se voyait dans l'église supérieure. Ceux de Bernard, abbé du même monastère, s'y trouvaient aussi. Suivant ensuite la nef et devant la grille du sanctuaire de N.-D.-de-Confession, se voit une espèce de niche dans le mur. Là, se trouvait un tombeau, sur lequel sont sculptés divers traits du nouveau Testament, et au milieu, deux cerfs se désaltérant à deux sources, type souvent reproduit dans les sculptures des catacombes de Rome. Les corps de saint Chrysanthe et de sainte Darie, son épouse, étaient renfermés dans ce sarcophage. Ruffi nous en a conservé le dessin ; il a été transporté au Musée (1).

A côté, un peu enfoncée, se trouve la chapelle dédiée à saint Blaise. C'est une construction assez récente. Un bas-relief en pierre, d'un assez bon style, décore le dessus de l'autel.

Passant de nouveau à côté du sanctuaire principal, on trouve un passage assez étroit. On remarque sur les parois du mur à gauche, des fragments d'inscriptions en beaux caractères gothiques. Malheureusement ces restes mutilés ne peuvent que très-difficilement se déchiffrer. Sur le même côté, à environ deux mètres du sol, se voit un enfoncement pratiqué dans le mur. Là, se voyait jadis une pierre transparente, sur laquelle était sculpté le monogramme du Christ, au-dessus d'un vase et entouré de grappes de raisin. Ce magnifique morceau sert actuellement de devant d'autel à la chapelle de la Préfecture. Il a été gravé dans l'histoire de Ruffi.

Dans le mur à droite, une porte, ordinairement fermée, conduit à la partie qui est, sans contredit, la plus antique et la plus intéressante de cette crypte. Une grotte, de

(1) N° 24 du Livret.

forme irrégulière, s'ouvre devant vous. Ses parois, noircies par les siècles, inspirent je ne sais quel religieux respect. Sur la voûte, formée par le rocher, on distingue encore le A et Ω, que l'on retrouve si fréquemment dans les catacombes de Rome. Vis-à-vis, est un autel dédié à sainte Magdeleine, au-dessus duquel est un bas-relief représentant cette patrone de la Provence, prosternée dans l'attitude de pénitence. Cette sculpture est moderne; on l'attribue à Puget. A droite, à côté d'une ouverture prenant jour de l'église souterraine, se voit un siége taillé dans le roc, auprès d'une colonne, aussi taillée dans la pierre, et surmontée d'un chapiteau, dont la sculpture appartient évidemment aux premiers siècles de l'ère chrétienne. On voit aussi une tête, grossièrement taillée dans le roc, et tout à côté, une crosse d'évêque. Ce siége est encore aujourd'hui nommé : *le confessional de saint Lazare*. Une ancienne tradition, qui ne manque pas de vraissemblance, porte que ce saint évêque administrait les sacrements aux premiers fidèles assis sur ce siége. « Le commun des visiteurs, « dit l'auteur déjà si souvent cité (1), prend le récit de « cette particularité pour un conte inventé par les sacris- « tains de Saint-Victor; mais les personnes plus instruites « savent que la circonstance de ce siège de pierre n'est « pas particulière à ce souterrain. On en voit de semblables « dans les catacombes de Rome. »

Vis-à-vis, un degré de pierre, conduit dans une autre grotte, aussi taillée dans le roc, mais dont le sol est plus élevé que celle que nous venons de parcourir. Des éboulements en ont comblé une grande partie. Dans la pierre qui en forme la paroi de droite, ont été taillés plusieurs tombeaux, aujourd'hui vides. Les ossements qu'ils contenaient ont été profanés comme la plupart des autres.

(1) Monuments inédits, t. I, p 546.

C'est là ce fameux souterrain qu'une tradition populaire assurait conduire à la Major, en passant sous le port. Si les difficultés, presque insurmontables d'un pareil tunnel ne la montraient comme fort douteuse, le creusement du port du carénage est une preuve sans réplique qu'il n'a jamais existé, puisque ce grand ouvrage n'a amené la découverte d'aucune trace d'un pareil passage.

L'entrée de cette partie du souterrain était jadis fermée par une grille en fer (1). Une statue de Magdeleine prosternée, était placée au-devant. Aux pieds de cette image, se voyait, au rapport de Ruffi, un tombeau d'un très-beau travail, représentant des amours forgeant des armes. Au milieu, dans un médaillon, Remus et Romulus, alaités par la louve. Ce tombeau, dont Ruffi nous a conservé le dessin, est actuellement au Musée (2). Auprès de l'entrée de la grotte, on montre la place qu'occupait une urne de deux pieds de hauteur, sculptée, d'un travail magnifique. Cette urne, trouvée auprès du monastère, avait d'abord été placée dans le cabinet du comte d'Angoulême, gouverneur de Provence et grand amateur d'antiquités. A la mort de ce prince, elle fut rendue à l'abbaye et placée « sur ung pilastre imparfaict de l'église supérieure dudit « monastère et à main droicte du cloistre » (3). Elle fut, plus tard, déposée dans la grotte, pour la soustraire à l'indiscrétion des curieux qui l'avaient endommagée. Je n'ai pu savoir ce que ce monument est devenu.

Remontant dans l'église supérieure par l'escalier opposé à celui par lequel on est descendu, on trouve d'abord une chapelle à gauche, dont l'autel était jadis formé par un tombeau romain, décoré de sculptures du plus beau

---

(1) Grosson. Monuments marseillais, p. 138.
(2) N° 27 du Livret.
(3) La Massaliographie, ov Description des Antiquités de Marsseilhe. Manuscrit sans pagination, de Durand et du Prat. 1593.

fini, et portant dans un cartouche une inscription évidemment païenne. Ruffi et Grosson l'ont fait graver. On peut le voir au Musée (1).

Ce sarcophage renfermait les reliques de saint Mauront, évêque de Marseille et abbé de Saint-Victor. L'autel est surmonté de trois statues en pierre, sous un arceau surbaissé. Celle du milieu est celle de saint Mauront : les autres représentent saint Elzéar de Sabran et saint Maurice. Un tombeau contenait les reliques du chef de la légion Thébaine. Il était décoré de l'image du Christ, entouré des douze apôtres, sous six arcades à plein ceintre. On peut voir, dans Ruffi, la gravure de ce monument, que l'on admire encore au Musée (2). Le cénotaphe, contenant les précieux restes de quelques-uns des compagnons de ce saint martyr, se voyait tout à côté. Le sculpteur l'a décoré de divers traits de l'histoire du nouveau Testament. Ruffi l'a également fait graver, et il a été aussi déposé au Musée (3).

Près de là, se trouvait un tombeau orné d'un fragment de bas-relief, dans lequel étaient renfermées les reliques de quatre des sept frères dormants. Ruffi et Grosson ont conservé le dessin de ce tombeau, qui paraît représenter, au dire de ce dernier critique, des philosophes conversant sous un portique. On voit encore sur le mur la place qu'occupaient ces sculptures. Un large escalier reconduit enfin dans l'église supérieure.

Mais, avant de sortir de ces catacombes, le visiteur chrétien ne sera pas fâché de trouver ici la prière que Guesnay, à la fin de la description (4) de cette crypte nous a conservée, et que les pieux fidèles ne manquaient pas de réciter

---

(1) N° 28 du Livret.
(2) N° 14 du Livret.
(3) N° 16 du Livret,
(4) *Cassianus illustratus*, page 475.

avant de quitter ce souterrain, dont chaque pierre, pour ainsi dire, renfermait une relique.

O rex gloriæ, qui martyri tuo Victori consolans apparuisti, ac beatos Cassianum, Benedictum, Isarnum, omnesque alios ibi quiescentes, fidei confessione decorasti, fac nos, eorum precibus, jungi sanctorum cœtibus.

V. Corpora eorum in pace sepulta sunt,
R. Et vivent nomina eorum in æternum.

Oremus.

Propitiare, Domine, nobis famulis tuis per horum sanctorum tuorum Victoris, Cassiani, Benedicti, Isarni et aliorum quorum corpora in hac ecclesia requiescunt, merita gloriosa, præsta quæsumus ut qui beatissimorum martyrum tuorum, abbatum et confessorum piis suffragiis et sanguine consecrasti monasterium, eorum intercessione spiritualibus muniamur auxiliis et ab omnibus protegamur abversis. Per Christum Dominum nostrum.

FIN.

A L'Eglise.

B Le Temple, ancienne salle capitulaire.

C Le Cloître.

D Le Dourmidou.

E Petite Cour, d'où l'on descendait par plusieurs degrés dans la Cour de l'Abbé.

G Porte d'entrée.

H Cour extérieure.

I Logement des Suisses préposés à la garde de la porte.

J Logement de l'Abbé. — 3 portes.

K Salle capitulaire, au premier étage.

L Passage voûté, sous la Salle capitulaire.

M Grande Cour intérieure du logement de l'Abbé. Un puits se trouvait au milieu.

N Galerie au premier étage, conduisant de la cour à la Salle capitulaire.

O Niche d'une Vierge en pierre.

Q Puits du Diable.

R Chapelle sainte Cécile, au coin du Temple.

S Logement du Prévôt.

T Boulangerie.

PLAN
de
L'Abbaye St Victor lès-Marseille (fort St Nicolas)

Extrait du plan de Marseille dressé en 1737.

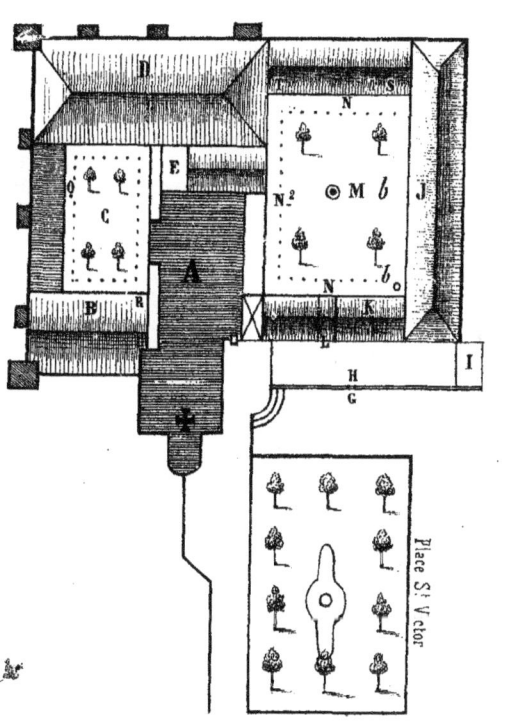

www.ingramcontent.com/pod-product-compliance
Lightning Source LLC
Chambersburg PA
CBHW060527050426
42451CB00011B/1703